30 Z e i tverdichtungen

Ostello Jaeger

30 Z e i tverdichtungen

LyrikArt
aus den Jahren 2009 - 2011

Bibliografische Information der Deutschen Nationalbibliothek:
Die Deutsche Nationalbibliothek verzeichnet diese Publikation in der Deutschen
Nationalbibliografie; detaillierte bibliografische Daten sind im Internet
über http://dnb.d-nb.de abrufbar

© 2011

Herstellung und Verlag: Books on Demand GmbH, Norderstedt

ISBN: 9783842375475

Die lyrischen Texte
sind eine überarbeitete Auswahl
aus meinen Beiträgen
für

zeitverdichtet.de - Der Literaturclub

sowie aus der im April 2011 abgelösten

Zeitonline Leserartikel Community

Und Alles sind Bilder vom Bild
eines großen Ganzen

Inhaltsverzeichnis:

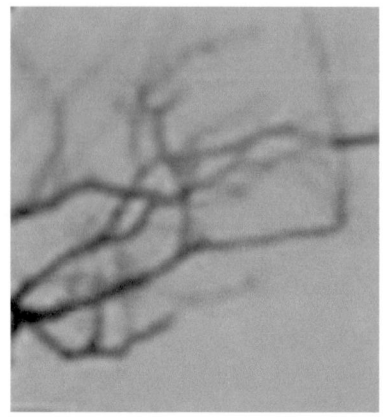

Cumulus Sommerwolken

Himmlische Gestade

Stolzes weißes Wolkenross
tänzelt auf der Hinterhand
vor dem Sprung

Ich springe mit

Freundlich flauschiger Drache
lächelt anerkennend
über meine neu erworbene

Mitflugfähigkeit

Und zeigt mit seiner Wattekralle
auf die schmerzlich strahlende
rotgoldene Abendsonne

Ich nicke ihm zu

Sofort vergessend warum

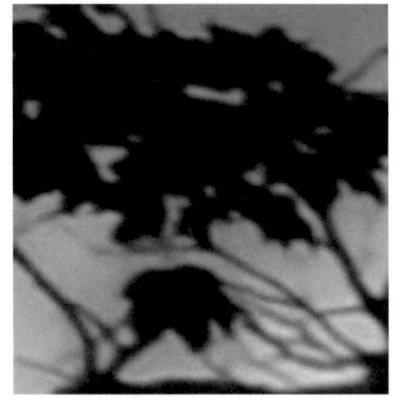

Tanz ohne Ende

Endlos
zieht der Mond seine Kreise

Herabblickend
auf seine einzige große Liebe

Oh
wie fühlt er sich ihr verbunden

Und zeigt sich
in seinem strahlenden Gewand

Im Rhythmus
des nächtlichen Tanzes

Der
Verwirklicher allen Lebens

Mein Fels in der Brandung

Einmal lag ich in der Abendsonne
auf einem Felsen
am Meer

Und ich fragte ihn, den Felsen:

Du Felsen,
hast du nicht auch
manchmal
diese Momente
plötzlicher Unruhe?

Und mir war,
als vernahm ich ein grollendes:

Neeeee

Da spürte ich -
dies ist mein Fels in der Brandung.

Vor Dem Spiegel

Ruhig
wie ein Spiegel
liegt vor mir der See

Nur manchmal
berührt ein leichter Wind
seine Oberfläche

Wie ein feiner Schauer
zittern dann die Wolken
im Spiegel

Aber
ich will noch mehr
hebe einen Stein auf
und werfe ihn hinein
in den Spiegel

Ein Geräusch
durchbricht den Anblick

Und ich sehe
wie ein wunderschöner Kreis
sich gleichmäßig ausbreitet

So gehe ich weiter

16

Draußen im Frühlingswind

Es deliert die Lerche
vor unsagbar Blau

Morgenkühler Tau
nimmermehr lau

Nachts kalter Hauch
so will es der Brauch

Wild und gemein
nie wieder heim

Das Herz reicht so weit
umarmt Welt und Zeit

Der Himmel ist mein
die Sonne ist Dein

So soll es sein
so soll es sein

Freizeit Offenbarung

Zwanzig Meter im Quadrat
Drumherum etwas Bambus
Zu gelbem Liguster
Malven und Phlox
Rasen und grünbunte Muster

Ein wenig Wind
Ein Rascheln und Raunen
Eine Botschaft die lautet
Einzig Sinn ist das Staunen

Der Blütenduft hier unten
Der meint tatsächlich mich
Und die Möwe dort oben
Das bin eigentlich ich

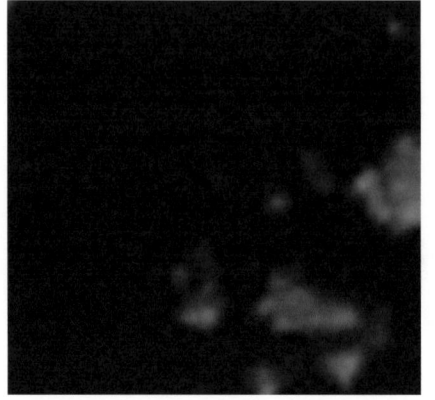

20

Am Ozean

Landratten stören unsere Kreise
Herbst wird es in den Gärten der Zeit

Zeit um auf unser Schiff zurückzukehren
den schweren Anker zu entsorgen
Segel um Segel zu setzen
und sich dem Wind zu öffnen

Um zu erwachen wie aus tiefem Schlaf
am Strand der Sehnsucht
Uns wieder findend
des Todes Tod zu feiern

Mit geweiteten Sinnen
bis zur Morgenröte
Dann aus dem letzten Traum erwachend
schüchtern und unendlich stark

wieder neu zu beginnen

Einst

Einst werde ich träumen

von einem malerischen Städtchen im Sonnenlicht

von Strassen mit Kopfsteinpflaster aus Granit

von Treppen hinaufsteigend zu Fachwerkhäuschen

mit kunstvoll geschnitzten Türen

Aber Stille wird auf Allem lasten wie tiefster Schlaf

Nur hinter einem vertrockneten Margaritenbäumchen

wird noch eine Grille zirpen

Und ein kleiner Junge wird dastehen in Sommerkleidern

und Fotos machen von einem der Häuschen

bevor er die Kamera fallen lassen wird

und erschreckt davonläuft

Weil die Stille nun Alles verschlingt

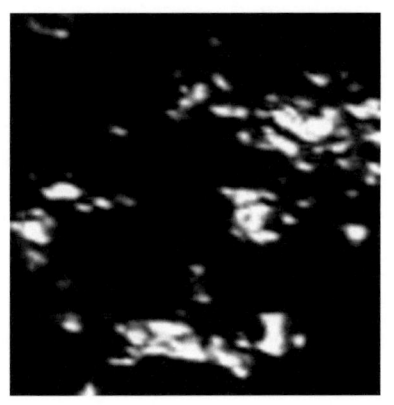

Lautlose Brandung

Herbst

Die Luft
bekommt den harten Geschmack
des Bergkristalls

Hoch oben in den Lüften
die Formationen des Abschieds

Der Wind verleiht dem Unsichtbaren
klagende Stimmen:
"Wir sind gegangen, auch Ihr geht,
jetzt oder später"

Lautlos langsam
überrollt uns eine gewaltige Brandung

Und Mutter Erde
empfängt ihre Kinder wie bunte Blätter

Glänzende Leere

Blendendes Leben
in endlos bunten Leeren

Incognito Reisen
an Bord geträumter Fähren

In sommerlich Zeiten
von Hülle und Fülle

Dazu passend gekleidet
in Chiffon und Tülle

Gibt das Leben
sich dem Glanze hin

Verliert die Welt
alle Schwere aus dem Sinn

Berauschende Augenblicke
dem Leichtsinn entnommen

Machen lieblich trunken
und ernsthaft benommen

Der Reisende

Im Wesentlichen
träumt er
vom Fliegen und Fallen
von Flucht und Verfolgung
von der großen Suche
und von
der traurigschönen Liebe

Im Allgemeinen aber
bewegt er sich unruhig
mit seinen Armen und Beinen
und auf Rädern
auf Strassen und in Gedanken
mit Angst oder mit Freude
zuletzt oft mit Gleichmut

gekonnt im Kreise

Liebe und Zeit

Wir wärmten uns
an nächtlichen Feuern

mit großen Gesten
trunkenen Glücks
noch voller Jugendwahn

Jedoch
es war schon
kein Vorspiel mehr

denn was darauf folgte
ging viel zu schnell vorbei

und wurde schmerzhaft
zum Blick auf eine Rose
aus rotem Glas

welche uns
die Zeit
herbeizaubert

Für die sich Liebenden

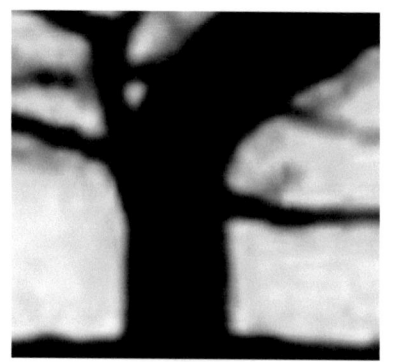

Sternenbild

Dein Sternbild ist die Jungfrau
im Scheitelpunkt des funkelnden weißen Bären

Du spielst Nordlichtfangen
mit Deinen lachenden Freunden
und legst Dich vor Freude in den weichen Schnee

Der Südwind
verliebte sich in Dein kindlich weißes Herz
und schenkte Dir ein Stück seines Himmels

Du schenktest ihm dafür das bittersüße Geheimnis
dessen
was Du im Kaleidoskop der Polarnacht erblicktest

Und berauschtest Dich an ihm
und an den nüchternen Strukturen der Schneeflocken
welche Dir die Spur zu einem Licht wiesen

Ein Hölzerner Weg

Einst blieb mir die Luft aus
denn mir ward
als hätte ich die Seele des Steins geschaut

Wie durch die Unendlichkeit fallend
war da nichts um die Tiefe aufzuhalten
Angstvoll

Bis ich merkte
ich bin wieder auf fester Bahn
und um eine Quelle von Licht und Wärme

Da ward mir wieder Hoffnung
Denn nun, in Freude
konnte ich die Seele des Holzes schauen

Und ein hölzernes Lied ersinnen
von Zuversicht und Freundschaft
mit der Zukunft

Eine Vase

Eine Vase
eine
silbergraue Vase

voller Federn
voller großer weißer Federn
voller Phantasiefedern

dazwischen
einige Pfauenfedern
grün blau schwarz glänzend

sind
sind immer
sind immer dabei

in meinen Gedanken

an Dich

Mein Haus Am Meer

Auf einem grünen Hügel
ist eigentlich gar kein Haus

Eher Behausung, nur ein Raum
für die Gedanken die Unruhigen

Die nicht loslassen können
von dem, was die Augen sehen

Aber offen soll er sein
in alle Himmelsrichtungen
den Blick weit schweifen lassen

Von den weißen Bergen fern
bis hinab zum glitzernd blauen Meer

Und vom Licht erfüllt sein
vom Strahlenden und Wärmenden

Und mein sein
für einen Augenblick nur

Einen Zeitlosen
Augenblick
Weil wir doch alle gehen müssen

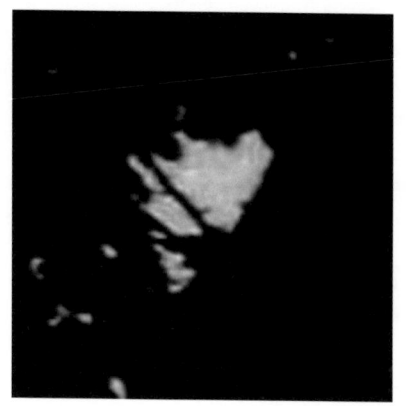

meereslied

fühle die sehnsucht
du krächzende möwe
wenn das meer noch blutet
im letzten angesicht
geheimnisvoller wunden
beim frühen morgenrot

durchdringe den geruch
du silbernhelles licht
von grünem seetang
einsamer strände schmuck
schaum geborener inseln
am neuen tag

sehe den möven zu
du fliegendes segelschiff
hebe und senke dich
bebend wie ein brustkorb
noch voll mit seewind
am abend

lausche in die nacht
du träumendes etwas
den tobenden wellen
wenn weiße kriegsschiffe
sie lustvoll durchpflügen
und die sterne tanzen

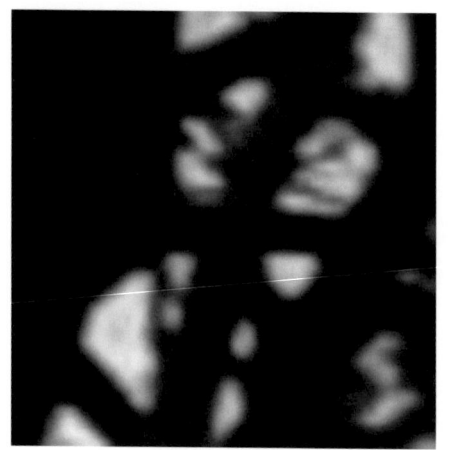

Trauma

Du glänzende Rose
feinsten Glases

Schmerzhaft auferstehend
aus Scherben

Immer wieder neu
nach jedem Windhauch

Aus Scherben voller Blut
frisches Rot über altem Schwarz

Zerbrochenen Schmetterlingsflügeln gleich
fliegst Du zweifelnd durch eine Welt

Die Dir von ach so weiter Ferne
noch lieblich vertraut ist

Von damals

bevor es begann

das Unbegreifbare

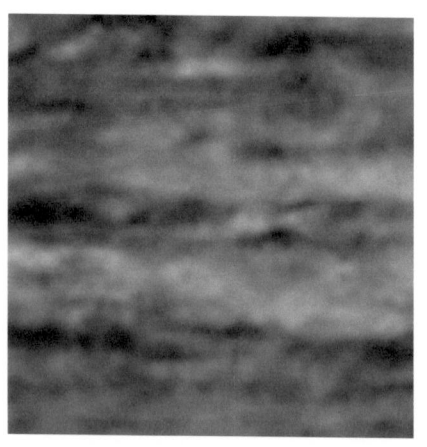

Nomaden

Ihr Nomaden des Himmels
und der Erde

Der Regen ist Euch gewiss
Ihr Töchter und Söhne

Die Weite ist grenzenlos
Blauer Himmel ist Euch gewiss

über den wogenden Meeren
von Wasser und Gras

über den lachenden Träumen
Eurer Ahnen

Ihr Söhne und Töchter
Die Freiheit ist grenzenlos

unter Euren Schritten
unter Euren bunten Kleidern

Ihr Singenden
der Wind ist Euch gewiss

auf Euren Wegen
vorbei an den stolzen Städten

wenn sie zerfallen
beim Anblick Eures Himmels

beim Anblick Eurer Erde
in der endlosen Weite

Meine kleine Stadt

Stadtsalat
    mit Sehnsucht nach Lebensraum Traum
Überall Flächen Räume
        Quadratisch, rund, praktisch einsortiert
    Arbeitsstätten,   Wohnstätten, Erlebnisstätten
Überall Mut
    Anmut, Armut, Hochmut,
                    oder Gleichmut

    In den Häusern   gedeihen zarte Pflänzchen
        wollen ans Licht
                    der Laternen, der Sonne
    Nachtfalter
        sitzen still auf Nachtschattengewächsen

Stadtleben   allerorten
    Anfangszauberer
sind schon frühmorgens weiter gezogen

    Doch bei Tageslicht
In immer neuer Verkleidung
    erscheint auf den Bühnen der Stadt
        das Wohlbekannte   immer wieder neu

    Als verführerische Unbekannte

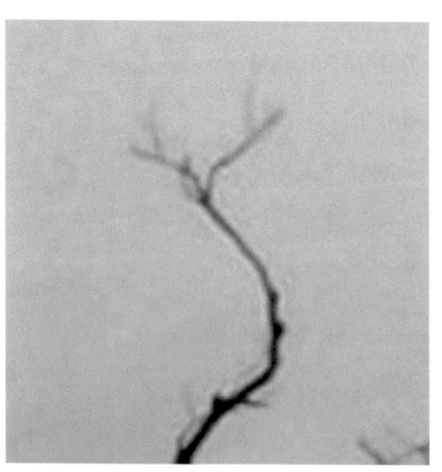

48

der mond

im auge des betrachters

am strand

in einer sommernacht

in den armen

der atmenden geliebten

im augenblick

des spürens

der vergänglichkeit

sich mitteilt

als überirdischer freund

und verbündeter

der todgeweihten

heimkehr

dunkler lebendiger humus

zerbrochenes holzgerippe

morsche knorrige gestalt

erhaben majestätische krone

aufstrebender starker stamm

kleiner beblätterter strauch

zarter junger frühlingstrieb

erdreich erwachender keim

neu erwachender traum

auferstehung

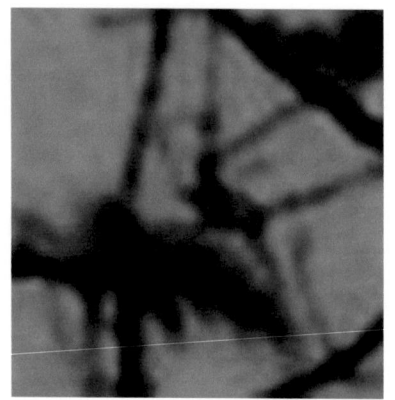

Ge danken freies

Gedanken haben kein Gewicht
jedenfalls solange wie sie noch tanzen und fliegen

Werden sie aber fett und faul
dann verwandeln sie sich oft in bedeutsame Worte

Und sind nicht mehr zu retten
weil sie schwergewichtig auf seltsame Orte herabfallen:

Sie fallen zb in blühende Gärten
wo sie eine zeitlang wie benommen liegen bleiben
bevor Blütenduft sie dahinrafft

Oder sie landen in einem stillen tiefen Gewässer
wo sie unaufhaltsam versinken

Oder sie fallen auf die Frontscheiben schneller Autos
und gefährden so den Verkehr
bis sie von den Scheibenwischern abgewischt werden

Einige fallen bis auf den Mond
und liegen dort tausende von Jahren nur so herum
bis sie vor Heimweh vergehen

Warum Ich Brombeeren Mag

Sie wachsen immer, noch
schwarz
und herbsüß
wenn die Sonne scheint

Am Wegesrand
da habe ich sie entdeckt
schon vor sehr langer Zeit
als ich ein Kind war

Und einst dann haben wir sie
gemeinsam gegessen
in jenem späten Sommer
an einem der schönsten Tage

Und nun sind sie
in meinen Erinnerungen
und ich
liebe ihren Geschmack

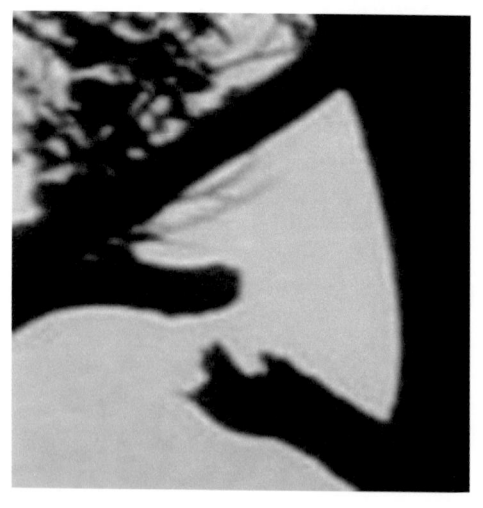

fernes echo

wir waren dabei
als der erste kontinent grün entflammte

wir waren dabei
als sich die blütenmeere ausbreiteten

wir waren dabei
als die hufe bis zum himmel donnerten

und gewaltige konzerte
den ungezähmten morgen einläuteten

wir waren überall dabei
in sonne mond und sterne gekleidet
als krieger

bevor wir
krank vor sehnsucht
vor dem fernen echo fliehen mussten

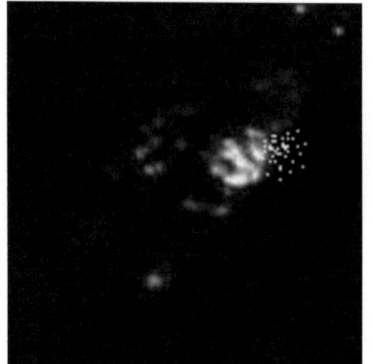

Tangerine *D r e a m*

Raum folgt dem Geräumten
Traum folgt dem Geträumten

Die vergilbten Briefe
liegen immer noch wach

Die längst verstummte Kuckucksuhr
hallt immer noch nach

Bin zurückgekommen nun wie im Traume
auf diese verstaubten Dielen

Stille dämpft die Zeit hier
der wir Alle schon längst verfielen

Schaue mich um, der zurückgelassenen Dinge
Denke an damals, an Dich und an Dich
und an der Herzen Ringe

Doch siehe
Wie orangerot die Abendsonne dringt herein
und trübes Glas beginnt zu leuchten
wie im Feuerschein

Und Etwas beginnt zu schwingen
und die Kuckucksuhr
fängt wieder an zu klingen

Und Alles, sollte so sein.

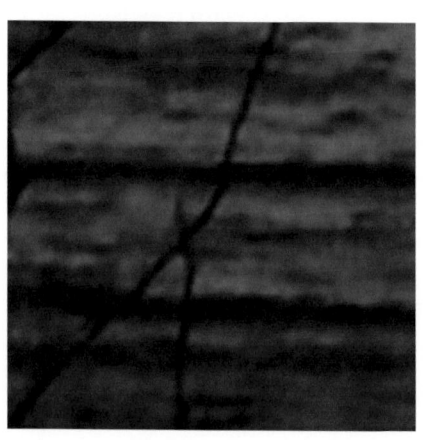

Reisen um anzuhalten

Der Zug ist rappelvoll
Gedränge, Schieben, Rufe
Hektisches Treiben, Lachen und Diskutieren
Fragen: Woher, Wohin, Warum

Bahnhofstopps:
Tee, Obst -- vor allem Bananen, oder Süßigkeiten
von mobilen Händlern angeboten, oft sind es Kinder
Gleichmäßiges Rattern
Hinter dem Fenster fremdartige Landschaften, Gerüche
Immer wieder: Überfüllte Bahnhöfe, Blicke in Augenblicke
Familien, Kinder mit großen Augen
Frauen, lachend, farbenfroh gekleidet
Männer, mit Stimmen wie Musik
Das gleichmäßige Rattern, der Atem, die Gedanken,
werden zum Rhythmus einer sanft kaskadierenden Melodie

Und später:
Das gleichmäßige Rattern, der Atem, die Gedanken,
werden zum Gefühl durch Raum und Zeit hindurch zu fliegen
in der Dunkelheit
Am Fußende der Liegepritsche
haben zwei Kinder einen Platz zum Schlafen gefunden
Ein Kopf liegt auf einem Bein

Der Vorhang
links und rechts an den halbgeöffneten Fenstern
flattert leicht im Fahrtwind
Warme Luft weht herein und die Sterne sind ganz nah
Unter der Decke, tiefe Geborgenheit
Im Herzen, unbeschreibbare Freude
Die Reise ist nie zu Ende

Wo Warst Du ?

Als das Leben an Dir vorbeigezogen ist
wie eine Prozession vor Deinem Fenster?

Hast Du Dich als Prinz ausgegeben
um eine edle Gesinnung vorzutäuschen?

Hast Du Dich etwa in einen Anderen verwandelt
weil Du Dich selbst nicht ertragen konntest?

Oder hast Du Dich gar als ein Narr verkleidet
um Deiner Verantwortung zu entfliehen?

Nun denn

Dann kann es wohl nicht Dein Leben gewesen sein
sondern das Deines kleinen Zwillingsbruders

Der schon so lange sehnsüchtig darauf wartet
sich in Dich zu verwandeln

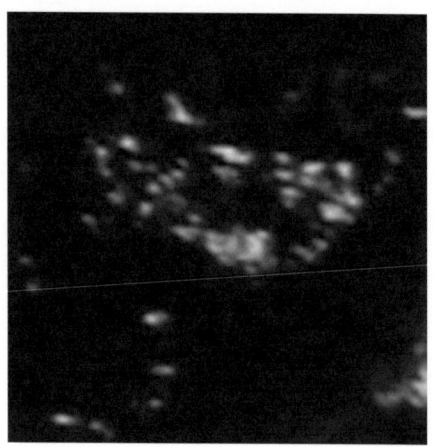

drei fragen an die sonne

was fühlst du ?

in deinen fingerspitzen
tausende von jahren entfernt
wenn du auf deinesgleichen triffst?

was in deinem herzen

beim anblick der kleinen blauen perle
in seiner träumenden hülle
an deinem nabel?

was glaubst
und erhoffst du
mit all deinem lichte zu bewirken ?

oh bitte

schau herein
durch mein kleines fenster
und erzähle es mir

Ein Traum ?

Ich hielt Dich schweigend
in meinen Armen

Du sagtest:

Sage irgendetwas Schönes

Ich sagte:

Wir liegen hier
geborgen in einer roten Blüte
in der Mitte der Welt